A GRAÇA
SANTIFICADORA

UM ESTUDO DE 4 SEMANAS

DAN BOONE

978-1-56344-985-7

Copyright © 2023
The Foundry Publishing®
Lenexa (Kansas) USA

Publicado originalmente como
Sanctifying Grace
Dan Boone

Esta edição foi publicada pelo acordo entre
a The Foundry Publishing e
as Publicações Nazarenas Globais.

Todos os direitos reservados. Nenhuma parte desta publicação pode ser reproduzida, armazenada num sistema de recuperação ou transmitida de qualquer forma ou por qualquer meio - por exemplo, eletrónico, fotocópia, gravação - sem a permissão prévia por escrito do editor. A única excepção são breves citações em revisões impressas.

Design da capa: Rob Monacelli

Design do interior do livro: Sharon Page

Tradução para o português europeu (pré-AO90) por Priscila Guevara, Paulo de Melo Duarte e Susana Reis Gomes.

Todas as citações das Escrituras, salvo indicação em contrário, são retiradas da versão João Ferreira de Almeida Revista e Corrigida (ARC).

Todos os endereços de internet, endereços de e-mail e números de telefone neste livro são precisos no momento da publicação e são fornecidos como recurso. The Foundry Publishing não os endossa ou atesta o seu conteúdo ou permanência.

ÍNDICE

SEMANA 1
Nome Santificado
4

SEMANA 2
Venha o Teu Reino
20

SEMANA 3
Santificação do Grupo
36

SEMANA 4
Espírito Santificador
50

SEMANA 1

NOME SANTIFICADO

SEMANA 1: NOME SANTIFICADO

A criação e protecção de marcas é um grande negócio no nosso mundo. As empresas contratam escritórios de advocacia para proteger o seu nome. Elas examinam cuidadosamente as celebridades que podem querer representar as suas marcas. Se esses outdoors humanos fizerem alguma coisa para manchar o nome da marca, a marca corta os laços imediatamente com eles. O uso da marca é uma questão altamente legal. É uma coisa séria fazer mau uso, deturpar ou profanar um nome.

A oração do Pai Nosso começa assim: "Portanto, vós orareis assim: Pai nosso, que estás nos céus, santificado seja o teu nome" (Mateus 6:9). Esta abertura não deve ser surpreendente. Afinal, somos o povo dos Dez Mandamentos. Até mesmo as crianças são ensinadas: "Não tomarás o nome do Senhor, teu Deus, em vão; porque o Senhor não terá por inocente o que tomar o seu nome em vão" (Êxodo 20:7). Uma e outra vez as Escrituras advertem sobre profanar o nome de Deus. É um assunto sério. O nome de Deus deve ser santificado pelo Seu povo.

Quando Moisés falou em nome de Deus, aconteceram coisas - água ensanguentada, rãs, mosquitos, moscas, furúnculos, trovões, granizo, gafanhotos, trevas, morte, mares a abrir-se, água a sair das rochas e pão a cair do céu. As pessoas foram libertadas pelo nome deste Deus santo. Moisés disse o nome e Deus fez as coisas. Há um enorme poder no nome de Deus. É o tipo de poder que nós, humanos frágeis, gostaríamos de ter nas nossas mãos e usar para os nossos próprios propósitos e é provavel-

> Não use o nome de Deus para o que Ele não está a fazer.

SEMANA 1: NOME SANTIFICADO

mente por isso que temos o terceiro mandamento - o de não tomar o nome de Deus em vão. Não use o nome de Deus para o que Ele não está a fazer.

Durante a maior parte da minha vida, pensei que a ordem de não tomar o nome do Senhor em vão significava não ofender. Ou seja, não jurar usando o nome de Deus de forma alguma ou o nome de qualquer membro da Trindade. E falar irreverentemente de tal maneira é certamente uma forma de abusar do nome de Deus, mas não acho que seja exactamente o que Deus tinha em mente quando deu o mandamento. Profanamos o nome de Deus (ou tomamos o Seu nome em vão) quando as nossas acções como portadores do nome de Deus deixam de reflectir o Seu verdadeiro carácter. Profanamos o nome de Deus quando forjamos a Sua assinatura como se Ele aprovasse as nossas próprias opiniões ou exigências. Uma vez, um irmão disse-me que Deus lhe tinha dito que eu lhe devia dar cem dólares. A verdade é que Deus nunca mo tinha dito! Uma vez, uma funcionária anunciou que Deus lhe tinha revelado que eu deveria contratá-la para fazer uma tarefa específica, por um preço específico. E todos conhecemos pelo menos um estudante universitário cristão que anunciou à sua namorada que Deus lhe tinha dito que ela seria sua esposa.

Foi mau uso do nome de Deus anunciar que o 11 de Setembro foi o Seu julgamento sobre os Estados Unidos; ou que o tsunami no Bangladesh foi o julgamento de Deus sobre os muçulmanos; ou que o terremoto no Haiti foi o julgamento de Deus sobre os feiticeiros. As pessoas escrevem muitas "opiniões" e assinam-nas forjando o nome de Deus. Esta acção profana o nome de Deus. E quanto a toda a parafernália consumista que vendemos com o nome de Deus? Deus está realmente presente em todas as mercadorias que produzimos?

Alguns homens têm usado mal as Escrituras para tratar as suas esposas como seres humanos subservientes, enquanto rotulam as suas acções como cristãs e piedosas. Muitas, muitas guerras que não têm nada a ver com Deus foram travadas em Seu nome. As políticas cívicas e tendências preconceituosas persistiram durante séculos, com a sua lógica de que são "a vontade de Deus". Abusos sexuais ocorrem em nome de Deus. Escândalos têm acontecido em ministérios que afirmam estar a fazer a obra de Deus. Vi pregadores a roubar as escassas finanças de pessoas reformadas, em troca das chamadas curas ou milagres (que podem ou não acontecer) - e a rotular estas acções de piedosas. As pessoas têm enganado no nome de Deus. Nós, seres humanos, tomamos posse desse poderoso nome e usamo-lo para os nossos próprios propósitos, sem pensar no verdadeiro carácter e missão de Deus. Se o fizéssemos com uma marca bem conhecida, seríamos processados pelo valor de tudo o que temos.

Aparentemente, o uso indevido do nome de Deus também era motivo de preocupação para Jesus. Perto do final do Sermão do Monte, ouvimos Jesus dizer: "Nem todo o que me diz: Senhor, Senhor! entrará no Reino dos

> A menos que tenhamos a certeza de que estamos realmente a fazer a obra santificada de Deus, não devemos acrescentar o nome de Deus às nossas agendas.

céus, mas aquele que faz a vontade de meu Pai, que está nos céus. Muitos me dirão naquele Dia: Senhor, Senhor, não profetizamos nós em teu nome? E, em teu nome, não expulsamos demônios? E, em teu nome, não fizemos muitas maravilhas? E, então, lhes direi abertamente: Nunca vos conheci; apartai-vos de mim, vós que praticais a iniquidade" (Mateus 7:21–23). O nome de Deus não deve ser usado de forma errada ou tomado de ânimo leve. Não devemos colocar esse nome casualmente nas nossas ideias, nos nossos produtos ou nas nossas palavras. A menos que tenhamos a certeza de que estamos realmente a fazer a obra santificada de Deus, não devemos acrescentar o nome de Deus às nossas agendas.

Devo confessar que na minha própria vida profanei o nome de Deus. Não tenho sido como Deus ao usar o Seu nome quando as minhas respostas foram indelicadas, quando as minhas prioridades estavam distorcidas, quando os meus gastos reflectiam mais o materialismo do que a generosidade, quando as minhas palavras eram enganosas. Quando as nossas acções, palavras e actos profanam o Deus que afirmamos seguir, o Seu nome não é santificado em nós ou entre nós. É por isso que oramos "santificado seja o Teu nome". É uma petição que requer a graça santificadora de Deus. É um pedido de santidade que reflecte Jesus.

A nossa fome de santidade como seres humanos é satisfeita apenas no relacionamento íntimo com aquele que é o único santo. A santidade de Deus é uma categoria

SEMANA 1: NOME SANTIFICADO

por si só - única. O nome de Deus não tem igual. Somente Deus é essencialmente santo. Deus é a única fonte de santidade. Qualquer coisa que participe em Deus é santa, e qualquer coisa que não participe, não o é. Então, quando Jesus nos mostra como orar e nos instrui a começar a santificar o nome de Deus, Ele está a levar-nos à presença do Deus santo, evocando esse Deus na nossa vida e trazendo esse Deus para suportar tudo o que somos e tudo o que fazemos. O nome de Deus será santificado ou profanado pelas nossas vidas.

Um estudante universitário estava com alguns amigos que estavam envolvidos em algumas más actividades. A imoralidade dos actos deles não era sequer discutível. Eram simplesmente errados. Em vez de também os fazer, o aluno foi-se simplesmente embora. O resto do grupo ficou, e no rescaldo, pessoas ficaram feridas, nomes foram arruinados e as consequências foram graves. Porque é que esse aluno se afastou do grupo? Porque é que se foi embora? O que é que o levou a ir contra a vontade dos seus amigos? "Simples", explicou ele. "Os meus avós eram santos. Eles amavam-me e estavam orgulhosos de mim. Fizeram sacrifícios para que eu pudesse frequentar uma universidade cristã". Logo depois disse uma coisa interessante: "Eu não queria arruinar o nome deles. Amo-os demais para o fazer". Somos as representações ambulantes dos nomes que carregamos.

Como presidente de uma universidade, sou a personificação viva e ambulante da marca dessa universidade, quer goste ou não. Os grupos de relações públicas da nossa universidade, equipas atléticas, equipas missionárias de verão, professores e, sim, até mesmo os nossos alunos - todos carregam o nome e tornam-se a marca da universidade. As pessoas tiram conclusões sobre a nossa escola com base no que vêem em nós. É por isso que amava tanto o Kyle. As suas notas na escola permitiram que entrasse em quase todas as universidades. Ele era bom a matemática e ciências.

Infelizmente, ele também lutou contra uma doença que resultou em tumores cerebrais. Ele fazia quimioterapia de manhã e aparecia nas aulas à tarde. O Kyle tinha os melhores amigos, o melhor senso de humor, a fé mais forte e a resiliência mais corajosa. Tive o privilégio de estar no seu funeral em Raleigh, na Carolina do Norte. Ele não conseguiu terminar os estudos nem formar-se, e por isso demos o seu diploma aos pais dele - ele ganhou distinção em carácter e coragem. Eu escolheria o Kyle para ser a marca ambulante da nossa universidade. Ele santificou o nome de Deus e Deus foi glorificado na sua vida.

Mas Deus não escolhe algumas pessoas robustas entre nós para serem portadoras do Seu nome. Todos os filhos de Deus são a marca ambulante - o que me faz, às vezes, olhar para o céu e dizer: "Deus, em que é que estavas a pensar?" Confiar o nome de Deus a pessoas como nós é um risco enorme. Talvez devesse haver advogados de marca divina a correr por aí à procura de pessoas que estivessem a utilizar erradamente o nome, para os arrastar para tribunal para serem julgados. Será que o nosso Deus percebe o que está a fazer ao permitir que tenhamos a marca do Seu nome no baptismo, dizendo-nos para pedir coisas em Seu nome e dando-nos o Seu nome para usar como um rótulo para as nossas obras? Muitos outros deuses têm imagens concretas feitas à sua semelhança - pequenas réplicas ou estátuas. Eles são inanimados, e por isso não podem estragar ou deturpar os deuses cujas imagens carregam. O nosso Deus santifica o Seu nome dando-o a nós, fazendo-nos à Sua imagem e semelhança. Somos o povo de Jesus, o corpo de Cristo, a semelhança de Deus. E oramos para que, quando as pessoas nos virem, vejam Deus presente em nós e connosco.

Somos a marca ambulante. E isso é importante para Deus.

ANOTAÇÕES E REFLEXÃO

Faça uma pausa para reflectir sobre o que leu. O que ouviu? Reafirme-o com as suas próprias palavras. Torne-o suas. Que assunto é que Deus lhe indicou neste capítulo para reflectir? O que é que Deus lhe está a dizer?

_____
_____
_____
_____
_____
_____
_____
_____
_____
_____
_____
_____
_____
_____

ORAÇÃO

Como é que a sua vida representa fielmente Jesus para o mundo que o/a observa? Se os seus amigos tiram conclusões sobre como Deus é baseado na sua vida, que tipo de Deus é que veem? O que é que precisa de Deus para poder santificar o Seu nome?

DEBATE

1. Como é que entendeu o que significa não tomar o nome do Senhor em vão?

2. Como é que a graça santificadora pode possibilitar a nossa fiel representação de Cristo?

3. Costuma-se dizer que o mundo ama Jesus mas odeia os cristãos. Por que há tanta distância entre Cristo e os Seus seguidores? Como poderia a graça santificadora preencher a lacuna?

SEMANA 1: NOME SANTIFICADO

4. O que é que devemos fazer quando encontramos um uso do nome de Deus que é uma violação da "marca"?

5. Como é que e porque é que são boas novas o facto de Deus ter partilhado o Seu nome connosco?

SEMANA 1: NOME SANTIFICADO

NOTAS

SEMANA 2

VENHA O TEU REINO

No nono ano, eu e o meu amigo Jim fizemos um relatório sobre OVNIs. Juntámos fotografias, lemos testemunhos de pessoas que os viram e até mergulhámos nos relatos de pessoas que alegaram terem sido raptadas. Ouvimos falar de um senhor que alegou ter sido raptado e interrogado por extraterrestres. Fomos até à sua casa e sentámo-nos na sua humilde sala de estar durante uma hora enquanto nos contava alegremente a história. Quando nos estávamos a preparar para sair, baixou a voz, olhou-nos nos olhos e sussurrou como se pudesse ser ouvido por outros: "Meninos, podem não conseguir vê-los, mas eles estão aqui".

O conceito de Wi-Fi interessa-me do mesmo modo. Pode estar presente numa sala ou espaço, mas não o podemos saber só ao olhar para o tecto ou para debaixo das cadeiras. Está entre nós, mas só sabemos que lá está quando acedermos e usarmos a internet. Ele pode estar poderosamente presente e pode ser-nos totalmente alheio - mas ainda assim, ele está lá.

Num Natal vi um vídeo de um flashmob a cantar o Hallelujah Chorus na zona de restauração de um centro comercial. A vez seguinte em que estava a fazer compras nesse centro comercial e passei por aquela zona, dei por mim a perguntar-me se haveria um coro no nosso meio, pronto a cantar a qualquer momento. Podiam estar mesmo à minha frente sem que eu soubesse.

Sou fascinado por estas realidades: não nos apercebemos delas, mas existem no mesmo espaço que ocupamos. OVNIs, WiFi, flashmobs. Podem estar presentes, mas não são conhecidos ou reconhecidos. Fui confrontado por tal realidade em 1972, como estudante do segundo ano na universidade, quando o nosso orador da capela, Stanley Jones, falou sobre o reino de Deus. Mais de cinquenta anos depois, ainda estou fascinado com o que ele tinha a dizer.

O que é que sabe sobre o Reino de Deus? Ao ler os Evangelhos, descobrimos que o reino de Deus é a mensagem primária de Jesus. A história do reino em Marcos começa com estas palavras: "E, depois que João foi entregue à prisão, veio Jesus para a Galileia, pregando o evangelho do Reino de Deus e dizendo: O tempo está cumprido, e o Reino de Deus está próximo. Arrependei-vos e crede no evangelho" (1:14–15). Jesus fala mais sobre o reino de Deus do que qualquer outro assunto.

Se lhe perguntasse: "O que é o Reino de Deus?", o que me diria? Alguns dizem que é para onde iremos depois de morrermos. Alguns dizem que é o último lugar de segurança e refúgio, para onde vamos fugir. Alguns dizem que é a igreja, onde as pessoas servem a Deus. Alguns dizem que é o que um partido político entregará à Terra se lhes dermos dinheiro e votos suficientes. Alguns dizem que é o futuro que vai amanhecer em nós quando Jesus voltar. O que é que acha?

Eu digo que é um pouco como os OVNIs, o WiFi e um flashmob no centro comercial. O reino de Deus é um reino presente, uma realidade, uma esfera, um ambiente

O reino de Deus é um reino presente, uma realidade, uma esfera, um ambiente que é preenchido com a presença incontestável de Deus.

que é preenchido com a presença incontestável de Deus. Quero ter a certeza de que entendemos a geografia. Não estamos aqui em baixo e o reino de Deus lá em cima, além da última estrela que podemos ver, num lugar que as naves espaciais não conseguem alcançar. Estamos aqui. O reino também está aqui, quer o reconhelaçamos ou não. Não está em nenhum lugar além das nuvens, mas tão perto como a nossa respiração. Nem sempre é visível, mas às vezes invade o reino visível para fazer uma diferença dramática. O reino de Deus veio entre nós na pessoa de Jesus Cristo. Ele está aqui e o reino está n'Ele.

Quando os discípulos pediram a Jesus que lhes ensinasse a orar, Ele demonstrou que uma oração adequada santificaria o nome de Deus, pediria a vinda do Seu reino e pediria que a Sua vontade fosse feita, entre outras coisas. Estas três linhas partilham um significado paralelo. "O nome de Deus santificado" é igual a "Venha o reino de Deus" e é igual a "A vontade de Deus feita." Estas são três formas diferentes de falar sobre a realidade da graça santificadora nas nossas vidas.

Jesus falou muito mais sobre o Reino de Deus. Aqui está uma revisão rápida:

Está entre vós.

Virá em plenitude, mas também já cá está.

Arrependei-vos e entrai nele.

Busquem-no primeiro e Deus suprirá todas as vossas necessidades.

Pertence aos mansos, aos pobres e aos perseguidos.

Começa pequeno e insignificante como uma semente de mostarda.

É como uma pérola de grande valor ou um tesouro escondido num campo.

As pessoas que pensavam que nunca poderiam entrar estão na lista de convidados.

Às vezes, os pecadores humildes estão muito mais perto dele do que os frequentadores engravatados da igreja.

Os odres velhos não podem segurá-lo porque, tal como o vinho novo, ele é expansivo.

É como um homem rico que deu todo o seu dinheiro aos servos e foi-se embora da cidade, esperando que eles fizessem algo de bom com o dinheiro.

É como uma festa para a qual são convidadas as pessoas erradas.

Quando os doentes são curados, ele está aqui.

Quando Satanás é expulso, ele está aqui.

Quando as pessoas olham para os pobres, os presos e os necessitados e vêem Jesus, ele chegou.

Fazemos esta oração arriscada que imagina o mundo em que estamos a viver a ser tornado justo pelo reino inquebrável. A oração mais transformadora, radical, perigosa e consequente que podemos ter é: "Venha o teu Reino. Seja feita a Tua vontade, tanto na terra como no céu". É claro que podemos dizer estas palavras sem querer, e não acontece muita coisa, excepto habituarmo-nos a orar coisas que não são verdade. É por isso que é comum que as liturgias que nos chamam à Oração do Pai Nosso digam: "Sejamos sempre ousados a ponto de orar". Sejamos ousados? Já pensou em si mesmo como alguém que precisa de ousadia para orar pela vinda do reino? Em verdade, não é uma oração para os tímidos. É uma oração para derrubar os poderes que governam o mundo. É uma oração de inquietação. Busca uma revolta mais radical do que os grupos terroristas organizados. Requer mais devoção do que cultos ou partidos políticos ou até uma temporada de futebol. Esta oração pede a Deus para tornar o Seu governo tangível em todos os lugares, em todos os sentidos, de forma que esta terra se torne o lugar onde a vontade de Deus é feita. Estamos a convidar um tigre a sair da jaula e este tigre não é manso.

Alguma vez já se perguntou como seria o mundo se orássemos: "Venha o Teu reino", e Deus dissesse: *"Ok. Vou remover a barreira e deixar o reino vir em toda a sua plenitude."*? Como seria? Aqui está o meu palpite. A riqueza seria redistribuída - e a maioria de nós teria menos. Os militares seriam desnecessários. As armas tornar-se-iam ferramentas agrícolas. Washington, D.C., deixaria de ser a sede do poder. Os mansos herdariam a terra. O planeta seria restaurado e redimido da nossa poluição. Os fracos entre nós teriam poder. Os orgulhosos e arrogantes iriam acalmar-se. A verdade seria dita em todos os lugares. O poder seria usado para servir o próximo. Seria feita justiça. Os cuidados de saúde seriam globais e os famintos seriam alimentados. A educação não seria para os privilegiados,

Existimos para receber e viver o reino de Deus de uma forma visível.

mas para todos. O auto-governo cessaria e Deus seria o único soberano. O reino de Deus estaria embutido em tudo o que tocamos: tecido humano, teoria económica, filosofia política, relações interpessoais, poder, trabalho, diversão, entretenimento, música, pensamento, atletismo e saúde. A lei de Deus tocaria em tudo.

Então, como é que o reino vem para a terra? Da mesma forma que o reino de Deus veio em Jesus - num corpo. Primeiro foi o corpo de Jesus de Nazaré, depois o corpo do Cristo ressuscitado, depois o corpo de Cristo cheio do Espírito Santo - a Igreja. Existimos para receber e viver o reino de Deus de uma forma visível. Quando fazemos a vontade de Deus na terra, o reino irrompe na realidade de carne e osso.

O que torna o reino de Deus tão radical é que quando vier, o nosso reino acaba. É o fim do auto-governo. Deus não veio para fazer boas sugestões ou influenciar uma agenda. Deus veio para reinar. Fico impressionado com as personagens da Bíblia que realmente sabiam o quão perigoso Jesus era - o Sinédrio, Herodes, Pôncio Pilatos, César e Satanás. Eles sabiam que o reino de Deus seria o fim deles. Eles não queriam matar Jesus porque discordavam das Suas ideias - mas sim porque Jesus tinha vindo para acabar com os seus governos. Será que percebemos que o efeito da graça santificadora é o fim do nosso auto-governo?

Barbara Brown Taylor conta a história de uma tartaruga-cabeçuda. A tartaruga fez o seu caminho desde o oceano até à praia para pôr os seus ovos num ninho de areia. Depois de ver aquilo durante um tempo, Taylor foi-se embora para não perturbar a tartaruga. No dia seguinte, notou que os rastos da tartaruga não iam para o oceano, mas para as dunas escaldantes. Ao seguir os rastos, encontrou a tartaruga exausta e quase assada. Ela encontrou um guarda florestal com um jipe e observou-o a ir resgatar a tartaruga. Ela descreveu o seguinte:

> Enquanto assistia horrorizada, ele virou-a de costas, enrolou correntes de pneus em volta das pernas dianteiras e prendeu as correntes no gancho do seu jipe. Depois disso, arrancou o jipe, puxando o corpo da tartaruga tão rápido que a sua boca se encheu de areia e desapareceu por baixo dela, enquanto o pescoço se dobrava tanto que tive medo que se partisse. O homem arrastou-a pelas dunas e desceu para a praia. Segui as marcas deixadas pela sua carapaça na areia e à beira do mar, o guarda soltou-a e virou-a novamente para cima. Ela ficou imóvel nas ondas enquanto a água cobria o seu corpo, lavando a areia dos olhos e fazendo a sua pele brilhar novamente. Então, uma onda particularmente grande embateu na tartaruga e ela levantou a cabeça ligeiramente, movendo as pernas traseiras. Enquanto eu observava, a tartaruga voltou à vida. Cada onda fresca trazia a sua vida de volta até que uma delas a tornou leve o suficiente para encontrar um ponto de apoio e ser empurrada para fora, de volta para a água que era a sua casa. Ao vê-la a nadar lentamente e ao lembrar-me do pesadelo que foi o seu passeio pelas dunas, apercebi-me que às vezes é difícil dizermos se

estamos a ser mortos ou salvos pelas mãos que viram as nossas vidas do avesso.[1]

Orar para que o reino de Deus venha é convidar a graça santificadora para o trono do nosso ser. É dizer: "Senhor, vira a minha vida de cabeça para baixo. Prende o teu jipe à carapaça da minha vida, puxa-me para onde estás a ir, envolve-me no teu trabalho e ressuscita-me para a vida que pretendias". É deixar-se ir em direcção a Deus, ir com Deus, deixar o controlo para Deus, render-se a Deus. Um dia, o reino virá na sua plenitude. Mas isso não significa que ele já não esteja aqui.

---

1. Barbara Brown Taylor, "Preaching the Terrors," *Leadership Journal* (Spring 1992), 45, https://www.christianitytoday.com/pastors/1992/spring/92l2042.html.

ANOTAÇÕES E REFLEXÃO

Faça uma pausa para reflectir sobre o que leu. O que ouviu? Reafirme-o com as suas próprias palavras. Torne-o suas. Que assunto é que Deus lhe indicou neste capítulo para reflectir? O que é que Deus lhe está a dizer?

ORAÇÃO

Ore, através da Oração do Pai Nosso, uma frase de cada vez, parando para colocar cada petição nas suas próprias palavras.

DEBATE

1. Como é que definiu o reino de Deus?

2. Das três frases paralelas (santificado seja o nome de Deus, venha o reino de Deus, seja feita a vontade de Deus), qual é aquela que o/a ajuda a melhor entender o impacto da graça santificadora?

3. Onde é que viu o reino de Deus irromper de forma visível?

4. Como é que a história da tartaruga-cabeçuda é semelhante à sua?

5. De que forma é que a graça santificadora é como "ser salvo pelas mãos que viraram a sua vida de cabeça para baixo"?

NOTAS

SEMANA 3

SANTIFICAÇÃO DO GRUPO

SEMANA 3: SANTIFICAÇÃO DO GRUPO

Já se sentiu como um estranho no mundo? Se formos retirados das nossas famílias e amigos formativos e cercados por influências culturais, é fácil esquecer quem somos. Na nossa busca por pertença, podemos buscar uma identidade entre a maioria, entre a massa da humanidade opinativa. Pode ser desconfortável ser destacado como diferente. Poucos gostam de ser estranhos. Quando a obediência a Deus nos coloca directamente na mira de uma cultura dominante, podemos, sem querer, chamar a atenção.

A carta de 1 Pedro é escrita para pessoas que se sentem assim. Nos versículos iniciais, o escritor lembra-os, magistralmente, da sua identidade. Eles são a família eleita de Deus, filhos obedientes, uma família com um novo Pai, irmãos adoptivos, recém-nascidos e pedras vivas a ser unidas numa casa espiritual. Tudo isto para fins sagrados. Eles que antes não eram um povo, são-no agora. Eles são raça escolhida, sacerdócio real, nação santa. São o povo de Deus. Pedro parece aprofundar a questão lembrando-os da sua identidade. Mesmo como estranhos no mundo, não desertamos quando conhecemos e abraçamos quem somos: "como filhos obedientes, não vos conformando com as concupiscências que antes havia em vossa ignorância; mas, como é santo aquele que vos chamou, sede vós também santos em toda a vossa maneira de viver, porquanto escrito está: Sede santos, porque eu sou santo" (1:14–16). Esta chamada à santidade vem do código de santidade sacerdotal encontrado em Levítico 17–26. A au-

A chamada à santidade
não mudou.

diência de 1 Pedro ouvirá em 2:5 e novamente no versículo 9 que está a ser edificada para ser um sacerdócio santo e real. É claro que o propósito da família é sacerdotal. A sua vocação é a santidade. Vemos sinais de linguagem sacerdotal e familiar em todo o lado.

O código de santidade em Levítico foi dado a Arão e aos seus filhos e, através deles, a todo o povo de Israel. Deus estava a criar uma família de sacerdotes que O serviriam mediando a Sua graça a todos os povos da terra. Israel foi escolhido com um propósito. A eleição divina não é um acto de favoritismo, mas de selecção para a missão. Não havia nada em Israel que o fizesse merecedor da escolha. Eles estavam a ser transformados para serem o santo templo de Deus.

Quando o autor de 1 Pedro se dirige aos exilados desta forma, ele liga-os à missão de Israel e de Jesus. Não se trata do restabelecimento do templo judaico e do sistema sacrificial. É sobre a continuação da redenção de Deus através do corpo de Jesus, a Igreja. Eles, como israelitas sacerdotais de Deus, praticam uma existência ética em continuidade com o que Deus sempre exigiu. A chamada à santidade não mudou. Ainda é o propósito da família.

Quando entramos na linguagem da santidade, algumas mentes imediatamente imaginam um sistema legalista de limites binários rigorosos que estabelece o que é puro e impuro, sagrado e profano. Tais sistemas tendem a ser conhecidos pelas suas práticas excludentes, em vez da sua inclusão radical. Na verdade, Jesus desafiou sistemas como este. Uma rápida pesquisa de Marcos 1 a 3 mostra que Jesus violou quase todas as leis de pureza nos livros. Curar no sábado, tocar leprosos e comer com gentios são apenas algumas das infrações instigadas pelo Filho de Deus. O tipo de santidade que Pedro pede não é a criação de um sistema de acesso exclusivo a Deus através do desempenho. É o comportamento que reflecte o próprio carácter de Deus – amoroso e misericordioso. É apropriado que esta secção termine com o lembrete: "não tínheis alcançado misericórdia, mas, agora, alcançastes misericórdia" (2:10b). Estar na casa de Deus não se trata de merecer privilégios, tácticas excludentes ou brincar com a pureza. É sobre ser santo como Deus o é.

Uma das principais falhas de qualquer sistema de pureza é o individualismo. Quando a pureza é baseada no desempenho individual, pertencer a algo torna-se um desporto solitário. Mas o desejo de Deus é a criação de um povo. Nenhum dos termos usados neste texto se refere apenas a indivíduos. "Filhos" implica família. "Pai" implica filhos. Amar uns aos outros, profundamente desde o coração, requer que haja alguém para se amar. Uma casa espiritual requer muitas pedras vivas ou então somos apenas uma pilha de pedras. Um sacerdócio santo é uma família comprometida de servos santificados. Uma raça escolhida é muita gente. Estes termos que descrevem a casa de Deus estão todos no plural. As práticas de pureza e a chamada à santidade são acerca de nos unirmos aos outros. Pedro escreve sobre a formação de uma família

SEMANA 3: SANTIFICAÇÃO DO GRUPO

Uma casa espiritual requer muitas pedras vivas ou então somos apenas uma pilha de pedras.

santa. Eles saberão que somos cristãos pelo nosso amor uns pelos outros.

Alguns comentaristas têm sugerido que 1 Pedro pode ser um catecismo baptismal e que Pedro está a escrever uma carta de instrução para aqueles que estão a ser baptizados, explicando o seu nascimento na casa de Deus. Eles foram escolhidos por Deus; chamados a participar da Sua santidade; comprados da escravidão com o precioso sangue de Cristo; presenteados com um novo Pai; purificados para que possam amar os seus irmãos e irmãs; nutridos com leite espiritual para que possam crescer até à maturidade; edificados na casa de Deus como pedras vivas, reunidas por um mestre pedreiro; e ordenados para o santo sacerdócio, para que possam representar Deus. A natureza corporativa desta salvação é inconfundível. É muito mais do que formação pessoal. É a formação da comunidade. Deus dá à luz um povo.

SEMANA 3: SANTIFICAÇÃO DO GRUPO

ANOTAÇÕES E REFLEXÃO

Faça uma pausa para reflectir sobre o que leu. O que ouviu? Reafirme-o com as suas próprias palavras. Torne-o suas. Que assunto é que Deus lhe indicou neste capítulo para reflectir? O que é que Deus lhe está a dizer?

ORAÇÃO

Reveja os vários títulos para o povo de Deus de 1 Pedro. Tome algum tempo com cada um e expresse a sua devoção a Deus no cumprimento desse título. Por exemplo, o que significa para si ser uma pedra viva que é trabalhada com outros crentes no templo de Deus?

DEBATE

1. Quando alguém diz "santidade", que imagem é que lhe vem à mente?

2. Pedro está a ligar a identidade ao comportamento. Comportamo-nos com base na nossa compreensão de quem somos. Que peso tem a nossa identidade no nosso comportamento instintivo?

3. De todos os identificadores de família usados neste texto, qual é o mais afirmativo para si?

4. Como é que a santificação é um processo de grupo?

SEMANA 3: SANTIFICAÇÃO DO GRUPO

NOTAS

SEMANA 3: SANTIFICAÇÃO DO GRUPO

NOTAS

SEMANA 4

ESPÍRITO SANTIFICADOR

De acordo com o relato de Génesis 2, os seres humanos foram criados quando Deus Se inclinou sobre os nossos corpos formados pelo pó e nos soprou o fôlego de vida (versículo 7). Este sopro divino - *ruach* em hebraico - também é traduzido como "vento" ou "espírito". Quando isto ocorreu, tornámo-nos num ser vivo - ou, no hebraico, *nephesh*. A raiz desta palavra é interessante, pois significa "garganta" - a passagem do nosso ser interior para o exterior. Somos criaturas com uma abertura para o exterior, através da qual passa tudo o que é necessário para sustentar a nossa vida: água, comida, respiração. Não somos seres auto-suficientes. Temos um buraco no nosso meio que requer preenchimento. Somos um vazio capaz de ser preenchido com Deus, por Deus.

Não é de admirar que a terceira Pessoa da Trindade seja conhecida como o Espírito Santo, o divino *ruach*, o sopro de Deus. Desde a nossa criação em Génesis, passando pelo vale dos ossos secos em Ezequiel até ao poderoso vento no Pentecostes em Actos, o movimento de Deus é retratado como vento divino, sopro ou Espírito que entra e anima os seres humanos. Quando estamos cheios do Espírito, acontece todo o tipo de coisas. No Antigo Testamento, o Espírito veio sobre os profetas e eles fizeram coisas estranhas: raparam o cabelo, pregaram nus, cozinharam em cima de estrume, casaram com prostitutas, comeram pergaminhos e esconderam as suas roupas íntimas em cima de rochas do rio. Hoje, a evidência da plenitude do Espírito é a semelhança com Jesus. Quan-

Quando lemos sobre Jesus, fica claro que Ele é o vento que desfaz rótulos e esvazia as caixas de categorização.

do Deus nos enche da graça divina, somos reformados à imagem e semelhança de Jesus. O Espírito Santo é o Espírito do Senhor ressuscitado que vive dentro de nós. Então, quando o mundo gosta de Jesus, mas não dos Seus seguidores, há uma desconexão que nos deve preocupar profundamente. Embora digamos que queremos ser como Jesus, não tenho a certeza se realmente o queremos. Vejamos os escritos de Lucas no seu evangelho e em Actos.

No Evangelho de Lucas, Jesus é aquele que nasceu de Maria sobre quem o Espírito repousa. Ele é aquele que foi baptizado por João sobre quem o Espírito desce. Ele é aquele que foi provado no deserto por Satanás, a quem o Espírito capacita. Jesus é um vento forte, soprado por Deus, que Se move entre nós. E o Seu trabalho é chamado de boas notícias. Mas é rapidamente aparente que Jesus também é culturalmente perturbador para as pessoas de poder e privilégio. Os rótulos dos dias de Lucas separam as pessoas em grupos que experimentam Jesus de forma diferente. Os rótulos estão por todo o lado no Evangelho: prostituta, fariseu, paralítico, porco, saduceu, pecador, soldado, membro do Sinédrio, violador do sábado, cobrador de impostos, leproso, gentio, amigo dos pecadores. Fazemos a mesma coisa hoje em dia. Além dos rótulos, também criamos caixas para colocar as pessoas rotuladas. Transformamo-las em boas/más, limpas/impuras, a favor/contra. No entanto, quando lemos sobre Jesus, fica claro que Ele é o vento que desfaz os rótulos e esvazia as caixas de categorização. Será que realmente queremos ser como Jesus?

Vamos fazer uma pesquisa rápida. Em Lucas 4, Jesus vai à Sua cidade natal e lê no rolo de Isaías que o Espírito do Senhor está sobre Ele. Quando as pessoas esperam provas na forma de um milagre, Jesus lembra-as das histórias das suas próprias escrituras em 1 e 2 Reis onde o favor de Deus cai sobre uma viúva pagã e um soldado inimigo. Eles escoltam-No até à beira de um penhasco para matar aquele cuja espiritualidade atende ao rótulo errado - pessoas más - mas, é claro, eles não são bem sucedidos (ainda). Em vez disso, Jesus continua a ajudar quem tem os rótulos "errados".

Em Lucas 4:35, Jesus cura um homem endemoninhado. Em 5:13, toca num leproso. Em 7:10, cura o escravo de um soldado romano. Em 7:14–15, ressuscita um homem morto. Em 7:38, permite que uma mulher pecadora Lhe unja os pés. Em 8:2, um dos principais seguidores de Jesus é descrito como alguém que já foi possuído por sete demónios. Em 8:26, encontramos o gadareno que está possuído, que tem quase todos os maus rótulos que existem. Em 8:43, encontramos a mulher que sangrava a tocar em Jesus e a receber cura em vez de repreensão. Em 9:42, Jesus cura um menino endemoninhado. Em 13:12, cura uma mulher deficiente no sábado. Em 17:14 cura dez leprosos. Em 18.42, cura um mendigo cego. Em 19:2, encontramos Zaqueu, o cobrador de impostos, com quem Jesus janta. No Evangelho de Lucas, Jesus repetida e in-

SEMANA 4: ESPÍRITO SANTIFICADOR

A nossa unidade não se encontra nos rótulos, mas numa missão para os perdidos.

tencionalmente move-Se em direcção às mesmas pessoas que ocupam os chamados rótulos errados e as caixas de categorização. É aqui que o vento do Espírito sopra Jesus. Então, deixe-me perguntar novamente: temos a certeza de que queremos ser como Ele?

Quando o Evangelho termina, o Jesus ressuscitado aparece aos Seus discípulos - "abriu-lhes o entendimento para compreenderem as Escrituras" (24:45) e instrui-os a permanecer onde estão "até que do alto sejais revestidos de poder" (versículo 49). Jesus está a dizer-lhes que o sopro do Espírito está a caminho para capacitá-los a serem testemunhas do reino de Deus. Lucas termina, mas a história continua em Actos, quando o sopro de Deus vem como um vento forte e impetuoso - um furacão *ruach*. Ele enche a sala, e um fogo santificador é aceso nas suas cabeças, bem perto dos seus cérebros, purificando a forma como pensam sobre Deus e sobre as outras pessoas. Todos ficam cheios do Espírito Santo e começam a falar em línguas que nunca tinham aprendido. O vento de Deus leva as suas línguas e ouvidos a lugares que eles não tinham sonhado ir como testemunhas de Jesus. O Espírito Santo cria uma unidade culturalmente perturbadora entre os seguidores de Jesus. O que os une não são os seus rótulos e caixas comuns, mas a missão comum para pessoas que são e serão bastante diferentes delas. A cola da Igreja é a nossa missão para aqueles que possamos rotular, julgar, condenar e evitar, se não fosse o vento nas nossas cordas vocais e o fogo purificador nas nossas cabeças.

SEMANA 4: ESPÍRITO SANTIFICADOR

O Espírito santificador é mais do que uma experiência que nos torna mais agradáveis, mais generosos ou menos rabugentos. Trata-se de um movimento de Deus que muda a forma como pensamos sobre os outros e nos localiza entre eles como embaixadores do Jesus que os ama. O Espírito santificador cria um povo que vai onde Jesus vai e faz o que Jesus faz. A nossa unidade não se encontra nos rótulos, mas numa missão para os perdidos.

Os poderes sombrios do nosso mundo ensinam-nos a cuidar principalmente dos nossos próprios interesses. Eles encorajam-nos a rotular, julgar e a encaixotar as pessoas. É o caminho da morte e da divisão. Mas há outro poder em acção - um vento que sopra no nosso mundo - que nos pode capacitar a amar, a servir uns aos outros e a dar testemunho de Jesus. Esse poder é o Espírito santificador de Deus.

ANOTAÇÕES E REFLEXÃO

Faça uma pausa para reflectir sobre o que leu. O que ouviu? Reafirme-o com as suas próprias palavras. Torne-o suas. Que assunto é que Deus lhe indicou neste capítulo para reflectir? O que é que Deus lhe está a dizer?

_____

_____

_____

_____

_____

_____

_____

_____

_____

_____

_____

_____

_____

ORAÇÃO

Imagine-se presente no dia de Pentecostes. Converse com Deus sobre os acontecimentos desse dia. Expresse as suas esperanças para si mesmo como alguém que vive entre um povo cheio do Espírito.

DEBATE

1. Como é que a igreja interpretou a ideia de ser cheia do Espírito além de ser restaurada à semelhança de Jesus? Que problemas é que esta interpretação tem apresentado em relação ao nosso testemunho de Cristo?

2. Como é que a graça santificadora se manifestou na sua vida, individualmente ou no sentido comunitário?

3. Como é que o Espírito santificador o/a capacita a amar e a testemunhar às pessoas que são diferentes de si?

NOTAS

SEMANA 4: ESPÍRITO SANTIFICADOR

NOTAS

NOTAS

www.ingramcontent.com/pod-product-compliance
Lightning Source LLC
Chambersburg PA
CBHW060542080526
44586CB00012B/819